다카 허먼 지음 | 미국 테네시주에서 태어나 담요 속에서 손전등을 켜고 동화와 판타지 이야기를 읽고 쓰며 어린 시절을 보냈다. 지금은 디즈니에서 애니메이션 「스파이디 그리고 놀라운 친구들」의 작가로 일하고 있다.

송지혜 옮김 | 부산대학교에서 분자생물학을 전공하고, 고려대학교 대학원에서 과학언론학으로 석사 학위를 받았다. 현재 어린이를 위한 과학책을 쓰고 옮기고 있다.

이 책은 메릴랜드 대학교의 곤충학과 교수 윌리엄 램프와
독서교육학과 명예교수 마리엄 장 드레어가 감수하였습니다.

내셔널지오그래픽 키즈 사이언스 리더스
LEVEL 1 스파이더맨, 곤충을 만나다!

1판 1쇄 찍음 2025년 8월 20일 1판 1쇄 펴냄 2025년 9월 15일
지은이 다카 허먼 옮긴이 송지혜 펴낸이 박상희 편집장 전지선 편집 임헌희 디자인 신현수
펴낸곳 (주)비룡소 출판등록 1994.3.17.(제16-849호) 주소 06027 서울시 강남구 도산대로1길 62 강남출판문화센터 4층
전화 02)515-2000 팩스 02)515-2007 홈페이지 www.bir.co.kr 제품명 어린이용 반양장 도서 제조자명 (주)비룡소
제조국명 대한민국 사용연령 3세 이상 ISBN 978-89-491-6934-7 74400 / ISBN 978-89-491-6900-2 74400 (세트)

NATIONAL GEOGRAPHIC KIDS READERS LEVEL 1
MARVEL'S SPIDER-MAN BUGS OUT! by Daka Hermon
Copyright © 2024 National Geographic Partners, LLC.
Korean Edition Copyright © 2025 National Geographic Partners, LLC. All rights reserved.
NATIONAL GEOGRAPHIC and Yellow Border Design are trademarks of
the National Geographic Society, used under license.
MARVEL, the MARVEL logo, SPIDER-MAN and related properties are trademarks
and/or copyrights, in the United States and other countries,
of MARVEL and/or its affiliates. © & TM 2024 MARVEL.
이 책의 한국어판 저작권은 National Geographic Partners, LLC.에 있으며, (주)비룡소에서 번역하여 출간하였습니다.
저작권법에 의해 한국 내에서 보호를 받는 저작물이므로 무단 전재와 무단 복제를 금합니다.

사진 저작권 AS= Adobe Stock; MP= Minden Pictures; NPL= Nature Picture Library; SS=Shutterstock
Cover: (CTR), © 2024 MARVEL; (LE), © Jurgen Otto; (UP LE), © 2024 MARVEL; (LO LE), © 2024 MARVEL; (BACKGROUND RT), © 2024 MARVEL; (HEADER THROUGHOUT), © 2024 MARVEL; (BACKGROUND THROUGHOUT), © 2024 MARVEL; 1 (BACKGROUND), © 2024 MARVEL; 1 (CTR), © 2024 MARVEL; 1 (UP CTR), © 2024 MARVEL; 1 (UP LE), Alen Thien/SS; 1 (LO LE), Stephen Dalton/NPL; 1 (CTR RT), Auscape/Universal Images Group/Getty Images; 3 (UP RT CTR), © 2024 MARVEL; 3 (UP RT), © 2024 MARVEL; 3 (LO), © 2024 MARVEL; 4-5, Lee/AS; 4 (LO LE), Huw Cordey/NPL; 5, © 2024 MARVEL; 6 (UP), The Natural History Museum, London/Science Source; 6 (LO), © 2024 MARVEL; 7 (UP), fotomaster/AS; 7 (LO RT), Kampan/AS; 7 (LO CTR CTR), © 2024 MARVEL; 7 (LO CTR), Kapitosh/SS; 8-9, Pete Oxford/MP; 8 (joke emoji), © 2024 MARVEL; 8 (joke emoji), © 2024 MARVEL; 9 (CTR), © 2024 MARVEL; 9 (webby words icon), © 2024 MARVEL; 10 (UP LE), © 2024 MARVEL; 10 (UP CTR), © 2024 MARVEL; 10-11 (BACKGROUND), Stephen Dalton/NPL; 11 (joke emoji), © 2024 MARVEL; 11 (UP LE), PREMAPHOTOS/NPL; 11 (LO RT), Amani A/AS; 11 (joke emoji), © 2024 MARVEL; 12 (UP LE), Adam Fletcher/Biosphoto; 12 (CTR), Adam Fletcher/Biosphoto/MP; 12 (CTR RT), © 2024 MARVEL; 12 (UP RT), © 2024 MARVEL; 13 (joke emoji), © 2024 MARVEL; 13 (joke emoji), © 2024 MARVEL; 13 (UP RT), © 2024 MARVEL; 13 (CTR LE), © Jurgen Otto; 13 (LO RT), © Jurgen Otto; 13 (webby words icon), © 2024 MARVEL; 14 (UP RT), © 2024 MARVEL; 14-15 (BACKGROUND), © 2024 MARVEL; 14 (LO RT), © 2024 MARVEL; 14 (CTR LE), Sam DCruz/SS; 14 (CTR RT), Alcuin/AS; 14 (LO), I Wayan Sumatika/AS; 15 (LO RT), © 2024 MARVEL; 15 (UP), Satoshi Kuribayashi/Nature Production/MP; 15 (CTR), Thierry Berrod, Mona Lisa Production/Science Source; 15 (LO), as_trofey/AS; 16 (CTR LE), © 2024 MARVEL; 16 (CTR RT), Neil Phillips/Alamy Stock Photo; 17 (joke emoji), © 2024 MARVEL; 17 (LO RT), Auscape/Universal Images Group/Getty Images; 17 (joke emoji), © 2024 MARVEL; 17 (webby words icon), © 2024 MARVEL; 18, Chien Lee/MP; 19 (UP), Alen Thien/SS; 19 (RT), © 2024 MARVEL; 20 (LO), frank29052515/AS; 20 (LE), © 2024 MARVEL; 21 (UP), Elkspera/AS; 21 (LO RT), © 2024 MARVEL; 22 (UP LE), © 2024 MARVEL; 22-23, jen/Wikimedia Commons; 23 (LO RT), © 2024 MARVEL; 23 (joke emoji), © 2024 MARVEL; 23 (emoji), © 2024 MARVEL; 24 (LO), Gerry/AS; 24 (UP), Morley Read/NPL; 25 (LO), Steve Byland/SS; 25 (UP), © 2024 MARVEL; 25 (joke emoji), © 2024 MARVEL; 25 (joke emoji), © 2024 MARVEL; 26-27 (BACKGROUND), Cheattha/AS; 26 (webby words icon), © 2024 MARVEL; 27, © 2024 MARVEL; 28 (UP), © 2024 MARVEL; 28 (LO RT), Huw Cordey/NPL; 28 (LO CTR), © 2024 MARVEL; 29 (BACKGROUND), © 2024 MARVEL; 29 (UP LE), © 2024 MARVEL; 29 (UP RT), © 2024 MARVEL; 29 (LO LE), © 2024 MARVEL; 29 (LO CTR RT), © 2024 MARVEL; 29 (LO RT), © 2024 MARVEL; 29 (CTR), © 2024 MARVEL; 29 (LO CTR LE), © 2024 MARVEL; 30 (LO LE), Elkspera/AS; 30 (LO RT), PREMAPHOTOS/NPL; 30 (CTR RT), © 2024 MARVEL; 31 (UP LE), Jay Ondreicka/SS; 31 (UP RT), Huw Cordey/NPL; 31 (LO LE), OlegD/AS; 31 (LO RT), lazalnik/AS; 32 (UP LE), Pete Oxford/MP; 32 (LO LE), Adam Fletcher/Biosphoto/MP; 32 (CTR RT), frank29052515/AS; 32 (LO RT), ridho/AS; 32 (UP RT), © 2024 MARVEL

이 책의 차례

스파이더맨 출동!	4
강력한 힘, 큰 몸집!	6
최고의 곤충 점프 선수는?	10
곤충에 관한 6가지 판타스틱한 사실들	14
총알 같은 스피드!	16
밤에도 잘 보는 눈!	18
힘을 모아, 모아!	20
무시무시한 외골격	22
곤충 변신 천재는?	26
거미줄 사냥꾼	28
사진 속에 있는 건 무엇?	30
이 용어는 꼭 기억해!	32

스파이더맨 출동!

높은 곳을 척척 기어오르고, 멀리까지 펄쩍 점프할 수 있고, 거미줄을 쏠 수 있는 건 누구일까? 바로 우리들의 친절한 이웃, 스파이더맨이야! 아차차, 맞아. 거미도 그렇지!

거미줄을 뽑아내는 다윈나무껍질거미

또 어떤 거미와 곤충들이 스파이더맨처럼 놀라운 능력을 지녔을까? 스파이더맨과 친구들을 따라서 신기하고 멋진 거미와 곤충들을 만나 보자!

강력한 힘, 큰 몸집!

쿵! 스파이더맨의 친구, 헐크가 나타났어! 그런데 몸집이 크고 힘이 센 헐크처럼 곤충 세계에도 굉장한 힘을 자랑하는 녀석들이 있대. 한번 알아볼까?

헐크는 원래 보통 사람인데 화가 나면 피부가 초록색으로 변하면서 몸집이 커져. 힘도 무지무지 세지지.

타이탄하늘소의 실제 크기가 이쯤 돼!

타이탄하늘소는 몸길이가 16센티미터 넘게 자라. 핫도그보다 더 긴 거야!

또 크고 힘센 턱으로 연필을 물어 댕강 부러뜨릴 수 있어.

헐크 파워!

 세상에서 가장 맛있는 일은?
 과일

헤라클레스장수투구벌레는 그리스 신화에 나오는 용감하고 힘센 영웅 '헤라클레스'의 이름을 딴 거야.

힘이라면 헤라클레스장수투구벌레가 빠질 수 없지! 무려 자기 몸무게의 80배 무게까지 나를 수 있거든. 헐크가 코끼리 7마리를 드는 것과 비슷한 거야!

최고의 곤충 점프 선수는?

제자리에, 준비, 점프!
스파이더맨은 거미줄을 쏘며
높은 건물 사이를 핵핵 뛰어넘어.

거품벌레도 스파이더맨 못지않은 높이뛰기 선수야. 다리를 힘껏 굴러서 자기 몸길이의 100배 높이까지 뛰어올라!

거품벌레가 가장 무서워하는 것은?

 샤워

여기 보글보글 거품 속에 있는 애벌레 좀 봐. 거품벌레는 위험을 느끼면 거품을 만들어서 몸을 숨겨.

거품벌레 애벌레는 꽁무니에서 거품을 만들어 내.

유럽울새가 거품벌레를 노리고 있어! 거품벌레는 새, 거미, 개구리가 아주 좋아하는 먹잇감이야.

예계, 공작거미는 크기가 겨우 쌀알만 해.

와그작

공작거미는 몸길이가 고작 5밀리미터야. 하지만 15센티미터쯤은 가뿐히 점프해서 **사냥감**을 확 덮쳐. 훗, 오늘도 사냥 성공!

어른이 되어야만 우는 것은?

 개구리

공작거미 수컷은 춤도 잘 춰. 꽁무니를 부르르 떨며 암컷의 관심을 끌지.

이봐, 내 슈트 무늬를 따라 한 거야?

공작거미는 수컷만 배에 화려한 무늬가 있어.

거미줄 용어 풀이

사냥감: 동물 등이 사냥하여 잡아먹으려고 하는 대상.

6가지 곤충에 관한 판타스틱한 사실들

1  흐읍! 바퀴벌레는 40분 동안 숨을 참을 수 있어.

2 파리는 뒤쪽으로 걸을 수 있어. 또 스파이더맨처럼 어떤 벽이든 타고 올라갈 수 있지.

3 지네는 다리가 잘려도 다시 자라. 몸이 다쳐도 금방 멀쩡해지는 울버린처럼 말이야!

울버린

총알 같은 스피드!

빠르기로는 마블 히어로* 가운데 퀵실버가 최고야. 그럼 곤충 스피드왕은 누굴까?

퀵실버가 얼마나 빠르냐면, 글쎄 총알도 피한대!

하늘에서는 잠자리가 가장 빨라. 한 시간에 최대 56킬로미터까지 날아가지. 게다가 뒤로 날기도 하고, 제자리에서 떠 있을 수도 있어!

*마블 히어로: 마블 영화와 만화 속의 특별한 능력으로 세상을 위험에서 구하는 영웅들.

	세상에서 가장 빠른 알은?
	총알

달리기로는 길앞잡이를 따를 곤충이 없지! 몸길이가 2센티미터밖에 안 되는 이 **포식자**는 한 시간에 9킬로미터를 이동하는 속도로 잽싸게 달려서 먹잇감을 사냥해.

거미줄 용어 풀이

포식자: 다른 동물을 사냥해서 잡아먹는 동물.

길앞잡이는 너무 빨라서 달리는 동안은 주변을 잘 보지 못해. 그래서 달리다가 멈춰서 어디로 갈지 살펴보고 다시 달린대.

밤에도 잘 보는 눈!

귀뚜라미는
밤에도 잘 보는
특별한 눈을 지녔어.
이 눈 덕분에 깜깜한
어둠 속에서도
먹이를 척척 찾고
위험을 피할 수 있지.
이뿐이게?

귀뚜라미는 날개로, 나는 드럼 채로 연주하지!

귀뚜라미의 날개는 멋진 악기야. 귀뚜라미 수컷은 양쪽 날개를 비벼서 찌르르, 맑은 소리를 내지. 드럼을 잘 치는 고스트 스파이더와 공연을 해도 좋겠다!

고스트 스파이더는 거미에 물린 뒤 특별한 능력이 생긴 마블 히어로야. 예전부터 드럼 치는 걸 좋아했대.

힘을 모아, 모아!

앤트맨과 와스프가 팀을 이뤄 악당을 무찌르듯이, 어떤 곤충은 힘을 합쳐 살아가. 개미는 함께 집을 만들고, 서로 몸을 이어 물을 건너기도 해.

앤트맨은 몸집을 개미만큼 작게 만들 수 있는 마블 히어로야. 개미와 이야기도 나눌 수 있지.

이봐 와스프, 이 팀 일 잘한다!

하늘을 나는 개는?

 날개

영어로 와스프(Wasp)는 말벌을 뜻해. 마블 히어로 와스프는 독침 대신 따끔한 전기를 쏘지.

오, 우리보다 낫네!

꿀벌들도
힘을 모아 벌집을 지어.
또 저마다 할 일을 나누어서
꽃을 찾고 꿀을 만들지.

무시무시한 외골격

스파이더맨, 너도 슈트를 좀 바꿔 봐.

마블 히어로 아이언맨은 철로 만든 튼튼한 슈트를 입고 능력을 발휘해. 이 슈트를 입으면 하늘을 날 수 있고, 힘도 훨씬 강해져!

곤충은 딱딱한 **외골격**으로 몸을 지켜. 아이언맨의 슈트처럼 말이지. 오른쪽 철갑딱정벌레의 외골격은 특별히 튼튼해. 자동차가 밟고 지나가도 끄떡없다니까!

거미줄 용어 풀이

외골격: 뼈 대신 동물의 몸을 감싼 단단한 껍데기.

몸에 무기가 달린 곤충도 있어. 쐐기나방 애벌레는 뾰족한 뿔과 독이 있는 가시로 자기 몸을 지켜.

쐐기나방 애벌레를 깔고 앉으면?
가시방석

쳇, 제법이군!

라이노는 코뿔소 슈트를 입고 스파이더맨과 싸우는 마블 악당이야. 코뿔소처럼 달려들어 벽도 부숴 버리지.

그러니까 함부로 만졌다가는 큰일 나! 악당 라이노가 코뿔소 뿔로 싸우듯이, 이 애벌레도 뿔과 가시로 불쑥 공격할 수 있거든.

곤충 변신 천재는?

마일스 모랄레스는 또 다른 스파이더맨이야. 거미줄을 쏘고 벽을 타는 것은 물론, 몸을 투명하게 만들어서 악당 눈에 보이지 않게 변신할 수 있지. 곤충 세계에서는 대벌레가 마일스 모랄레스처럼 변신을 잘해. 몸 색깔과 모양을 나뭇가지와 비슷하게 바꿔서 **위장**하는 거야.

거미줄 용어 풀이

위장: 주변 환경과 비슷하게 보이게 해서 몸을 숨기는 것.

놀라긴 일러. 대벌레는 다리가 잘려도 다시 자라! 공격당해 다리를 하나 잃더라도 너무 슬퍼하지 말라고.

나랑 같이 악당을 무찔러 볼래?

마일스 모랄레스

거미줄 사냥꾼

스파이더맨이 거미줄을 쏘아 악당을 잡는다면, 다윈나무껍질거미는 거미줄로 먹이를 사냥하지! 이 거미의 거미줄은 정말 특별해. 다른 거미가 만든 것보다 두 배는 튼튼하고, 훨씬 길거든. 이 강력한 거미줄에 걸린 먹이는 꼼짝없이 잡아먹히고 말아.

> 다윈나무껍질거미는 무려 24미터에 이르는 거미그물을 칠 수 있어.

피유웅!

사진 속에 있는 건 무엇?

거미와 곤충에 관련된 사진들이야.
힌트를 읽고, 오른쪽 위의
'단어 상자'에서 알맞은 답을
골라 봐. 정답은 31쪽 아래에 있어.

① 힌트: 꿀벌들은 힘을 모아 이것을 지어.

② 힌트: 거품벌레는 위험을 느끼면 이 안에 몸을 숨겨.

단어 상자

거미줄, 잠자리, 가시, 턱, 벌집, 거품

3 힌트: 아야! 쐐기나방 애벌레의 이것에는 독이 있어.

4 힌트: 거미는 이걸 뿜어서 사냥을 해.

5 힌트: 타이탄하늘소의 이것은 크고 힘이 세.

6 힌트: 곤충 가운데 가장 빠르게 날 수 있어.

이 용어는 꼭 기억해!

위장: 주변 환경과 비슷하게 보이게 해서 몸을 숨기는 것.

초식 동물: 식물을 주로 먹고 사는 동물.

사냥감: 동물 등이 사냥하여 잡아먹으려고 하는 대상.

포식자: 다른 동물을 사냥해서 잡아먹는 동물.